Extrait de la REVUE DE L'ANJOU

LES

DEUX HISTOIRES MANUSCRITES

DE

L'ABBAYE DE SAINT-MAUR

(1748 ET VERS 1708)

PAR

Fr. Landreau
O. S. B.

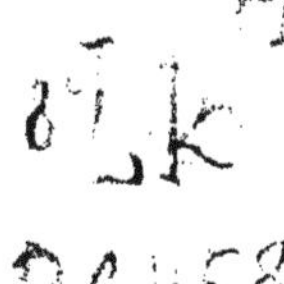

ANGERS
GERMAIN ET G. GRASSIN, IMPRIMEURS-ÉDITEURS
40, rue du Cornet et rue Saint-Laud

1907

LES DEUX HISTOIRES MANUSCRITES

DE

L'ABBAYE DE SAINT-MAUR

(1748 ET VERS 1702)

Premiers essais

L'abbaye, qui pendant près de mille ans revendiqua sans conteste l'honneur d'être la première fondation bénédictine de la Gaule, d'avoir reçu la sainte Règle des mains de saint Maur lui-même, ne pouvait manquer — malgré les nombreuses catastrophes dont, au cours des siècles, ses archives furent victimes — d'attirer l'attention des historiens modernes, des savants Mauristes en particulier. L'un de ceux-ci, D. Anselme le Michel, avait été chargé en septembre 1642 par le R. P. Général de sa congrégation de parcourir les monastères, afin de rassembler les matériaux d'une histoire générale de l'Ordre bénédictin [1]. Les résultats de ses recherches, pour ce qui concerne notre abbaye angevine, sont consignés aujourd'hui dans le manuscrit latin 13.818 de la Biblioth. Nationale de Paris, fol. 257 à 274 [2] :

[1] Cf. la *Bibliothèque générale des écrivains de l'Ordre de Saint-Benoît*, par un religieux de la congrégation de Saint-Vannes (D. Jean François) membre de plusieurs académies, t. II, page 256.

[2] Le fol. 268 verso et les fol. 269 et 270 ont été laissés en blanc.

ce sont les copies de diverses translations de reliques, empruntées à quelque bréviaire monastique aujourd'hui disparu et dans lesquelles malheureusement l'ivraie s'est mêlée au bon grain ; surtout ce sont les copies ou l'analyse des chartes du Cartulaire de Saint-Maur du XIIe siècle, prêté à Dom Anselme en avril 1646 par un membre du parlement de Bretagne : *Ex Cartulario sancti Mauri ad Ligerim, quem mihi commodavit* 1646 *aprili senator curiæ Britanniæ*[1].

L'érudit religieux ne s'est pas contenté de lire ou de copier ces chartes monastiques ; il l'a fait avec intelligence, notant en marge ce qui pouvait servir à la chronologie, base de toute histoire sérieuse et, comme couronnement, dressant suivant l'ordre du temps la liste des abbés de Saint-Maur d'après ce même Cartulaire. Ce dernier travail est parfait ; nous le reconnaissons d'autant plus volontiers qu'il nous donne un double démenti. Il y a peu d'années, en effet, nous avons affirmé avec une belle assurance que l'abbé Pierre Ier, successeur de Girard vers l'an 1100, avait été « oublié par tous les historiens modernes[2] », dans toutes leurs listes abbatiales. Exception doit être faite en faveur de Dom le Michel. — De même, la solution nouvelle, que nous indiquions au sujet de *l'abbé Galéran*[3] — personnage assez énigmatique avec son titre d'abbé, à une époque où le monastère n'était qu'un prieuré — se trouve n'être pas nouvelle du tout, *nihil novi sub sole :* D. Anselme l'avait signalée dès 1646 ! double raison qui nous fait d'autant plus regretter que cet auteur n'ait pas poussé plus loin ses recherches dans les archives de Saint-Maur.

[1] Mss. 13.818 fol. 257. — A noter la date « avril 1646 », en contradiction avec D. Tassin et D. François qui font mourir le P. Anselme-le-Michel en *l'année* 1644. C'est une erreur : D. Anselme fut mis en disgrâce en 1647 et mourut vers 1655 hors de la Congrégation . (Note de mon confrère D. Dubourg).

[2] *Revue de l'Anjou*, 1905, II, p. 417 (tirage à part, p. 42).

[3] *Ibid.* p. 192-194 (tirage à part, p. 21-22).

Après lui, il faut ranger parmi les historiographes de notre monastère l'un de ses abbés, celui qui y introduisit la réforme dite de Saint-Maur : le R. P. Madelon-Claude de Sainct-Offange, dont le père Amaury, seigneur de Bouillé d'Aviré, de la Jaille-Yvon, etc., ainsi que les deux oncles Artus et François jouèrent un rôle important parmi les Ligueurs angevins [1]. Lui-même porta d'abord les armes, puis renonça à la milice du siècle pour entrer au monastère de Saint-Maur, gouverné alors par son oncle le grand Claude de Sainct-Offange. En 1624 il était « enfermier (infirmier) et profès de laditte abbaye [2] ».

Trois ans plus tard, l'oncle démissionnait et le neveu, muni des bulles pontificales et de l'autorisation du roi, recevait sa succession, en qualité d'abbé régulier.

Qu'il ait écrit des Mémoires historiques sur son abbaye avec la liste de ceux qui l'ont gouvernée, c'est ce qu'affirment D. Galand [3] et l'anonyme [4] dont il sera bientôt question. Par malheur ces mémoires sont perdus. Toutefois ils ont été utilisés — et sont ainsi passés, au moins quant à la substance — dans la nouvelle édition du *Gallia christiana* en 4 vol. in-folio, préparée par les deux frères jumeaux, Scévole et Louis de Sainte-Marthe, historiographes de France, et publiée en 1656 par les fils de Scévole [5]:

[1] Cf. *Les Sainct-Offrange* par Victor Pavie, dans la *Revue d'Anjou* 1854, p. 96-113, 227-248, 336-366 ; *Les armes, les livres... de François de S. O., ligueur angevin au temps de Henri IV*, par A. Joûbert, même revue (1891) ; C. Port, *Dict. de Maine-et-Loire*, au mot Sainct-Offange. — M. le chevalier d'Achon, à Gennes, possède sur la généalogie de cette famille un précieux dossier, qu'il a gracieusement mis à ma disposition.

[2] D. Jausions, *Saint Maur et le sanctuaire de Glanfeuil* 1868, p. 146.

[3] Pages 11 et 17.

[4] Page 99.

[5] La première édition du *Gallia* (1626), qui n'avait qu'un seul volume, était l'œuvre de Claude Robert, archidiacre de Chalon-sur-

œuvre déjà magistrale, mais qui devait être éclipsée, au siècle suivant, par le nouveau *Gallia christiana* entrepris également par un membre de cette même famille de Sainte-Marthe. Le quatrième volume de l'édition de 1656 — uniquement réservé aux abbayes de France et des provinces voisines — consacre trois colonnes (sur deux mille) [1] au cloître de Glanfeuil. Il y est dit, entre autres choses, que la liste des abbés a été dressée à l'aide de pièces diverses communiquées par l'abbé régnant : « Cui abbatiæ præfuerunt hi quorum seriem exhibemus ex variis tabulariis et monumentis sancti Mauri, *per modernum Archimandritam communicatis* [2]. »

Cette liste, pour ainsi dire officielle, bien que ne répondant pas toujours aux exigences d'une saine critique, ne fut que trop souvent copiée avec servilité dans les années qui suivirent. On la retrouve à peu près intégrale chez l'auteur de l'*Histoire d'Anjou*, le docte bénédictin D. Barthélemy Roger, moine de Saint-Nicolas d'Angers jusqu'au jour où la réforme de Saint-Maur fut introduite en son monastère (1672), et qui mourut au moment même où il allait livrer à la publicité ses recherches de trente années sur la province d'Anjou (9 nov. 1694) [3].

Vers la même époque, un autre bénédictin, D. Michel Germain, de la Congrégation de Saint-Maur, consacrait une notice à notre monastère dans un ouvrage resté manuscrit et qui est intitulé : *Monasticon gallicanum, seu historia monasteriorum O. S. B. in compendium redacta, cum tabulis topographicis* 180, *quibus hoc anno* 1687 *constat congregatio*

Saône, cf. A. Franklin, *Les sources de l'histoire de France* 1877, pages 465 et suiv.

[1] Le volume contient 1.000 pages in-folio, à double colonne.

[2] Page 629, 2e colonne.

[3] Cette *Hist. d'Anjou* de B. Roger a été imprimée seulement en 1854 dans la *Revue de l'Anjou*, t. Ier, page 3-527. La notice consacrée à l'abbaye de Saint-Maur se trouve aux pages 229 et suiv.

sancti Mauri[1]. De cette notice, nécessairement trop brève, je doute qu'il y ait beaucoup à prendre. En tous cas, la liste chronologique des abbés, qui en forme un des principaux chapitres, est fort déparée par deux fautes grossières : les abbatiats de Guillaume de Normandie et de Guillaume de Gascogne, personnages du XIIe siècle, y sont signalés l'un en 1344 et l'autre en 1450 !

Nous arrivons, avec le XVIIIe siècle, aux *Annales ordinis sancti Benedicti* de Mabillon. En feuilletant ces six volumes imposants — dont le premier parut en 1703 et le dernier en 1739, trente ans après la mort de l'auteur[2] — on y retroudait sans peine les grandes lignes de notre histoire jusqu'au milieu du XIIe siècle, mais (il ne pouvait pas en être autrement) non sans plusieurs lacunes ou même quelques erreurs inhérentes à toute œuvre humaine. Nous arrivons aussi à nos deux chroniques manuscrites, objet de ce travail : l'une dite de l'ANONYME parce qu'elle est sans nom d'auteur, l'autre écrite par *Dom* GALAND.

[1] L'ouvrage, conservé à la Bibliothèque Nationale sous les cotes 11.818 à 11.821 du fonds latin, comprend deux volumes de texte et deux autres de planches. La notice et la planche qui nous intéressent se trouvent au fol. 257-267 du mss. 11.819 et fol. 135 du mss. 11.821.

[2] D. Mabillon mourut en 1707 après la publication du quatrième volume qui s'arrête à l'année 1066. Le cinquième fut édité en 1713 par D. René Massuet ; le sixième et le dernier, qui comprend les années 1117-1157, par D. Martène.

I

Histoire abrégée de l'abbaye de Saint-Maur

Par un ANONYME (D. Pierre LEJEUNE DE BONNEVAU), vers 1702

Le *Catalogue des manuscrits de la Bibliothèque d'Angers* de M. Albert Lemarchand [1] signale sous la cote 772 une « Histoire abrégée de Saint-Maur » sans nom d'auteur. Ce manuscrit — qui, avant la confiscation de 1790, appartenait à MM. les Sulpiciens d'Angers, comme en fait foi le cachet apposé sur le premier feuillet — se compose de 258 pages, hautes de 20 centimètres sur 15 de largeur, toutes consacrées au sujet indiqué par le titre, sauf les trente dernières [2]. La même «Histoire abrégée» et anonyme se retrouve identique, sauf d'insignifiantes variantes, à la Bibliothèque Nationale de Paris, sous le numéro 12.683 du fonds latin [3], correspondant au tome XXVIe du *Monasticon benedictinum*, entrepris jadis par les religieux de la Congrégation de Saint-Maur.

[1] Vol. in-8 paru en 1863. La nouvelle édition, qui en fut donnée par M. Auguste Molinier au tome XXXIe du *Catalogue général des manuscrits des bibliothèques publiques de France*, n'ajoute rien, pour ce qui nous concerne, aux indications de M. Lemarchand.

[2] L'écriture du mss. 772 n'est pas uniforme : à côté de l'écriture ordinaire, assez fine et serrée, qui s'étend aux pages 1-84, 97-177, 187-208, on en remarque une autre beaucoup plus grosse pour le reste du manuscrit, concernant les années 1450-1517 (pages 85-90), 1710-1717 (pages 177-183), et les appendices pages 213-258. Les pages 184-186 ont été laissées en blanc ; de la page 208 on passe à 213, par suite sans doute d'une erreur dans la numérotation.

[3] Elle y occupe seulement les fol. 209 à 336.

La copie d'Angers, intitulée par l'auteur *dernière et plus correcte édition* — preuve qu'il y en a eu d'autres avant elle — a été commencée le 21 octobre 1709, ainsi qu'il est dit à la fin de la préface ; mais elle a été continuée jusqu'en 1717, vraisemblablement jusqu'à la mort du rédacteur. Le texte de Paris date de 1710 et ne va pas au-delà de cette année.

Quel en est l'auteur ? Un religieux de l'abbaye ? mauriste? ou bien « ancien religieux ? » — On sait que, durant les trente dernières années du XVIIe siècle, deux communautés vivaient côte à côte à Glanfeuil : celle des réformés ou mauristes et celle de « Messieurs les anciens », qui n'avaient point adopté la réforme de 1668.— Que sait-on encore sur son compte ? que vaut son *Histoire abrégée ?* quelles sources a-t-il consultées ?... Personne, à notre connaissance du moins, n'a encore essayé de répondre à ces questions ; ni D. Jausions, qui pourtant cite assez souvent l'*Histoire manuscrite* dans son *Saint-Maur et le sanctuaire de Glanfeuil en Anjou* (1668) [1], ni Célestin Port, dans le long article du *Dictionnaire de Maine-et-Loire* (1878) relatif au même monastère, et à la fin duquel il est fait mention du manuscrit 772.

A leur défaut, nous tenterons de résoudre le problème, en consultant l'unique source d'informations qui nous reste, c'est-à-dire le manuscrit d'Angers. Or, il suffit d'ouvrir ce petit volume — dont nous avons une copie sous les yeux [2] — pour être frappé de la place importante qu'y occupe... la poésie, si l'on peut appeler de ce nom toute strophe

[1] Cf. pages 102, 133, 143, 160. Dom Jausions semble même avoir emprunté textuellement à l'anonyme le titre de la seconde partie de son livre : « Histoire abrégée de l'abbaye de Glanfeuil ou de Saint-Maur-sur-Loire », page 77.

[2] Copie exécutée, vers 1897, par mon confrère D. Ferdinand Boudoux, qui transcrivit également l'*Histoire de l'abbaye* de D. Galand, mentionnée au § 2, tandis que le vénérable P. Noël copiait le mss. 12.683 déjà signalé. A l'un et à l'autre revient ainsi une part du mérite de ce travail, si... mérite il y a.

mesurée et rimée. Notre chroniqueur anonyme était donc poète, ou si l'on veut versificateur, et encore d'un talent assez médiocre. Il a satisfait ce besoin de rimer par toute une série d'épitaphes, dont il a gratifié chaque personnage important, rencontré au cours de cette Histoire : épitaphes plus ou moins longues, toujours banales, dans lesquelles le lecteur cherche ordinairement en vain un renseignement quelconque. Voici un fragment, la moitié environ, de celle qu'il destinait à son propre tombeau. On jugera et du style et de l'intérêt qu'elle offre au biographe. Elle clôt l'*Histoire abrégée* et en forme, pour ainsi dire, la signature indéchiffrable, puisque l'auteur la fait précéder de cette petite déclaration :

« Chanteur pour tout seing et paraphe
Ne donnant que son épitaphe. » (page 208)

Arrête un peu, charitable passant,
Pour écouter ici la voix de cette bière :
Ci-gît, dit-elle, un pécheur en poussière,
Qui devrait bien être en larmes de sang...

Je fus mortel, des âmes la plus basse
Je fus, mourant, tout pénétré de grâce
Et j'en suis, mort, bien comptable à mon Dieu, etc.

Ab uno disce omnes ! Ces défauts n'ont point empêché l'auteur de réunir dans un cahier à part toutes ces épitaphes au nombre de 28, dispersées dans l'*Histoire abrégée*, depuis celle de Florus du VIe siècle jusqu'à la sienne, ou encore jusqu'à celle de D. François de la Grandière, « ancien religieux », décédé en 1713 : recueil précédé d'une petite préface appropriée au sujet et qui semble avoir joui d'un certain succès, puisque notre monastère en possède aujourd'hui encore trois copies, dont deux remontent sûrement au XVIIIe siècle [1].

[1] L'une d'elles, cahier de 38 pages, a été rencontrée avant 1841 « à Saint-Rémy-la-Varenne, chez un sieur Boucher, ancien serviteur

Poète, l'Anonyme de Saint-Maur a chanté Notre-Dame des Ardilliers dans un long récit de 500 vers, intitulé : « Acte d'offrande d'un religieux de saint Benoît, habitué à Saint-Maur, à la Très Sainte Vierge, l'auguste Marie, aux pieds sacrés de son image de Notre-Dame de Pitié, aux Ardilliers de Saumur, — avec abrégé historique, en prose mesurée, de son origine et de ses progrès miraculeux [1]. » Nous n'avons nulle envie d'analyser ici cet « abrégé historique », fût-il « en prose mesurée », c'est-à-dire en vers. Cependant nous devons noter au passage, non seulement la filiale dévotion de notre auteur à l'égard de celle qu'il appelle :

« Mère du bel amour, ô ma très tendre Mère, »

mais surtout certains détails biographiques le concernant. Ainsi il nous apprend qu'il a été consacré à Notre-Dame des Ardilliers, avant même sa naissance, par sa mère enceinte.

... Elle forme un dessein
De vous venir offrir ce qu'elle a dans son sein,
Et de son tendre fruit vous rendre hommage,
En le sacrifiant aux pieds de votre image,
Dans votre sanctuaire, où l'on vient à milliers
Vous rendre des respects, sous le nom d'Ardilliers.
Et malgré son fardeau, sa faiblesse et son âge,
Elle en fait à beaux pieds bonne part du voyage [2].

des moines », et acquise par M. Godard-Faultrier, qui, dans une plaquette sans date, en donne cette juste appréciation, cependant sans avoir l'air de se douter que ces épitaphes ne sont qu'un extrait du mss. 772 d'Angers : « Ce recueil d'épitaphes en vers français, d'un style au-dessous du médiocre, provient de la plume d'un moine du XVIIIe siècle et n'a d'autre intérêt, mais c'en est un, que celui de rappeler les principaux personnages inhumés à Glannefeuille... On trouvera dans l'*Anjou et ses monuments* (tome Ier, 1841 page 141-3.) quelques vers extraits de ce singulier manuscrit. » *Saint Maur, abbé de Glannefeuille ou Glanfeuil en Anjou* par V. G(odard) F(aultrier), page 15 et dernière.

[1] Mss. 772 d'Angers pages 226-258.

[2] Mss. 772, page 228.

Ce dernier détail, de la mère parcourant à pied une bonne partie de la route de Saumur, n'est pas à dédaigner : il prouve qu'elle n'habitait pas extrêmement loin de cette ville et contribuera peut-être à lever le voile qui cache le nom de l'anonyme.

Celui-ci, dans le même poème, parle de sa profession monastique et *une note marginale la fixe au « jour de saint Joseph* 1670 [1] ». Voilà enfin quelque chose de net : notre auteur a émis ses vœux le 19 mars 1670, c'est-à-dire un an et demi après l'entrée des réformés à Saint-Maur. Déjà, l'Anonyme avait insinué cette même date, bien qu'en termes trop peu précis, quand il écrivait en 1709 et répétait en 1710, en tête de l'*Histoire abrégée*, cette phrase : « Un pauvre solitaire a cru ne pouvoir mieux suppléer à ces sortes de biens (spirituels) qu'en s'appliquant tout entier à rendre quelque honneur à sa grande Mère, la sainte Religion, qui lui a donné l'être religieux, *en le recevant et l'élevant dans son sein depuis plus de quarante ans* [2] ». Donc, il était entré dans le cloître (au moins comme postulant) avant 1669. Ce qui, d'autre part, se concilie sans effort avec la note marginale, plaçant sa profession au 19 mars de l'année suivante.

Il est à peine besoin de dire que le monastère où il fut reçu et élevé est celui de Saint-Maur [3] : cela, du reste, est démontré avec évidence et par la précision des détails de son *Histoire abrégée*, que seul un témoin oculaire pouvait fournir, et par la fréquence, dans cette même histoire,

[1] Mss. 772 page 249.

[2] Le texte continue : « et plus spécialement *à son abbaye de Saint-Maur, sa mère plus immédiate*, puisqu'il y fait sa demeure depuis plus de trente ans avec quelque interruption. » Les mots soulignés démontreraient, à eux seuls, que nous avons affaire à un moine de Saint-Maur-sur-Loire.

[3] Voir la note précédente.

d'expressions telles que celles-ci : *notre* abbaye [1], *nos* archives [2], *nos* abbés [3]. Cependant, l'auteur ne faisait sûrement point partie des réformés, membres de la célèbre congrégation de Saint-Maur, qui, depuis le mois de septembre 1668, occupaient l'antique cloître angevin ; lui-même le déclare en termes manifestes, quand il prend le nom de « solitaire », de « pauvre solitaire », de « religieux de saint Benoît, habitué à Saint-Maur [4] », et quand il dit, en parlant des réformés établis à Glanfeuil : « *leurs* droits [5] », et non pas *nos* droits, *leur* église [6], *leur* chœur [7], *leurs* affaires [8] : montrant bien par là qu'il n'est pas un des leurs et qu'il ne vit plus en communauté.

L'Anonyme est donc l'un de « Messieurs les anciens » — c'est ainsi qu'on les appelait d'ordinaire — supplantés en septembre 1668, et qui, après l'introduction de la réforme, restent à Saint-Maur, vivant à part dans une aile du bâtiment claustral, sous la conduite de leur propre prieur, et menant une vie d'année en année plus solitaire, à mesure que la mort décime leurs rangs. Au début, ils étaient dix : huit profès et deux novices, dont nous connaissons les noms et les fonctions, grâce à D. Galand [9]. C'étaient : D. *Urbain Foyer*, prieur depuis le 6 janvier 1659 [10] et mort un peu avant 1702 [11] ; D. *René Chevalier*, sacristain, qui, en

[1] Pages 17, 42, 88, 89, 91, 95, 109, 115, 154.

[2] Page 225.

[3] Pages 106, 109, 117, 120, etc.

[4] Cf. ci-dessus, page 189.

[5] Page 113.

[6] Page 114.

[7] Page 146.

[8] Page 130.

[9] Bibl. Nat. mss. français 18.923, pages 180 et 260

[10] Archiv. de Maine-et-Loire, H. 1636.

[11] Voir la lettre de D. Jouneaux, ci-dessous page 193.

1671, abandonna aux réformés ses droits sur la sacristie, moyennant une pension annuelle de 140 livres [1] ; D. *Gervais Goyer*, qui lui aussi, mais seulement en 1688, démissionne de son office et bénéfice de chantre en faveur des réformés [2] ; D. *René de Launay*, aumônier ; D. *Jacques Ferrand*, qui, avec l'autorisation du chapitre (de Messieurs les anciens), passe à l'abbaye de Saint-Nicolas d'Angers et est placé comme prieur à la tête d'une de ses dépendances [3] ; D. *François de la Grandière*, profès dès le mois de novembre 1645 [4] et qui meurt en 1713, âgé de 84 ans, après soixante ans de vie sacerdotale [5] et soixante-huit de vie religieuse ; D. *Pierre de Cheverue*, qui prit l'habit le 5 août 1660 [6] ; enfin D. *Christophe du Pineau*, profès le 30 août 1665 [7]. Après eux venaient en 1668 (au moment de la réforme), les deux novices : « *Dom Pierre Lejeune de Bonnevau* » et « *Dom Louis Moreau* », qui, suivant toute apparence, restèrent à Saint-Maur dans la communauté des « anciens religieux », et même y firent, peu de temps après, profession. S'il n'en était ainsi, on ne pourrait expliquer ni cette profession du 19 mars 1670 signalée plus haut [8], ni ce titre de Dom, que leur donne le chroniqueur de 1748.

A qui de ces dix religieux faut-il attribuer l'*Histoire abrégée ?* Tout au début du XVIIIe siècle, le bruit courait qu'elle était l'œuvre de l'ancien prieur lui-même, D. Urbain Foyer. Voici, en effet, la réponse que reçut de Saint-Maur le savant Mabillon, qui, à la veille de livrer au public le

[1] Anonyme page 312, D. Chevalier mourut vers 1703

[2] Archiv. de Maine-et-Loire, H. 1668.

[3] *Ibid.* H. 1536 fol. 23.

[4] *Ibid.*

[5] Anonyme page 180. — D. Jausions *op. cit.* page 153, et C. Port, *Dictionn.* III, 429 (2e col.), donnent à tort à ce religieux 94 ans.

[6] Archives de Maine-et-Loire, H. 1536

[7] *Ibid.*

[8] Page 190.

premier volume de ses *Annales ordinis sancti Benedicti*, avait adressé un dernier appel à tous ses érudits confrères pour en obtenir des renseignements (1702) :

« ...(Je vous expédie) un vieux bréviaire manuscrit, où nos Pères pourront lire plusieurs leçons qui font foy que saint Benoist a envoié saint Maur en France; j'ay marqué avec du papier les endroits où ils trouveront toutes ces leçons ; ils jugeront de l'antiquité du bréviaire par l'écriture, que je ne crois pas fort ancienne, estant facile à lire. *J'envoie aussi l'histoire de notre monastère, faicte, comme je croy, par feu Monsieur Foyer*, ancien prieur de ce monastère. Nos Révérends Pères en jugeront, selon leurs lumières. S'ils y trouvent des fautes, ils nous feront plaisir de les corriger[1]. »

Ainsi parlait et écrivait en 1702 Dom Jouneaux, prieur des réformés de notre abbaye. Il y a tout lieu de croire que cette histoire, envoyée à Mabillon, n'est pas différente de celle qui, recopiée en 1709 et 1710, est l'objet de la présente étude. Mais, dans ce cas, il est très évident que son attribution, dubitative du reste, à D. Urbain Foyer, doit être rejetée. Celui-ci, en effet, était mort en 1703 et n'a pu ni atteindre l'année 1709, ni faire profession le 19 mars 1670. Cette dernière raison oblige encore d'écarter les sept autres anciens religieux, déjà profès au moment de l'introduction de la réforme (septembre 1668) et, ainsi, limite le champ de notre enquête entre les deux seuls novices : Dom *Pierre Lejeune de Bonnevau* et Dom Louis Moreau.

Par malheur, l'un et l'autre sont peu connus ; nous ignorons en particulier la date de leur mort et, pour voir dans le premier de ces deux anciens novices le futur chroniqueur et historien de l'abbaye, nous ne pouvons nous appuyer, à défaut de preuves formelles, que sur les deux indices suivants. D'abord la famille de Pierre Lejeune n'est pas tout à fait inconnue : elle habitait soit au château de Bonnevau,

[1] Bibli. Nat. Latin 12.683, fol. 336.

commune de Brain-sur-Allonne, soit à celui de la Furgeonnière, commune de La Ménitré [1], c'est-à-dire à une distance de la ville de Saumur assez courte pour que la mère de Pierre, se rendant à Notre-Dame des Ardilliers, pût faire à pied « une bonne part du voyage[2] » et que l'enfant lui-même pût exécuter plusieurs fois le même pèlerinage [3]. En second lieu, ce premier indice en faveur de D. Pierre Lejeune se confirme, croyons-nous, par la manière dont le chroniqueur anonyme mentionne les anciens religieux ses confrères, ne craignant point de les appeler par leur nom, *sauf quand il s'agit de Pierre Lejeune de Bonnevau*, c'est-à-dire, suivant notre hypothèse, quand il s'agit de lui-même. Il écrit, en effet :

An 1670, *le sieur Delaunay*, ancien religieux et aumônier de cette abbaye, se démet de son aumônerie en faveur des réformés, à 200 livres de pension, devant Blondeau, notaire à Saumur... An 1671, la communauté s'accommode avec *le sieur Chevalier*, ancien religieux, sacriste de l'abbaye, pour les oblations de messes de la sacristie, à 140 livres de pension... An 1673, le 1er juillet, *le sieur Ferrand*, ancien religieux et infirmier de notre abbaye, traita de son office devant Carré, notaire à Angers... An 1674, on amortit la pension *du sieur Moreau*, à lui due par le concordat (de 1668), en qualité d'ancien novice à Saint-Maur, rente qui était de 100 livres, dont on lui paya quatre années. *Aussi bien* (on amortit) *celle d'un* SECOND NOVICE, quelque temps après, *à deux années et demie, dont il se contenta.* »

[1] Cf. Port, *Dictionn. de Maine-et-Loire,* aux mots Bonnevau et Furgeonnière.

[2] Cf. ci-dessus, page 189.

[3] Mss. 772, page 229.

« Dès que ce fruit se vit la raison avec l'âge,
Il forme le dessein d'en faire le voyage (de Saumur)
Et l'exécute enfin plus de deux ou trois fois...

Pourquoi ce « *second novice* » — bien connu cependant, puisqu'on indique le nombre et la *fraction* d'années durant lesquelles sa pension fut payée et dont il se contenta — n'est-il pas nommé explicitement, comme les autres « sieurs anciens religieux ? » Pourquoi ? sinon par modestie d'auteur, parce que le susdit novice et le chroniqueur ne font qu'une seule et même personne.

On peut donc, avec beaucoup de vraisemblance, identifier l'Anonyme avec D. Pierre Lejeune de Bonnevau, qui fut ainsi le dernier représentant de la petite communauté de Messieurs les anciens — étant mort vers 1717 — de même que deux membres de la même famille, les frères Gaspard et Eustache Lejeune de la Furgeonnière, seront les deux derniers abbés commandataires de Saint-Maur avant la Révolution. Cependant, pour ne pas rompre avec des habitudes déjà prises, comme aussi pour ne pas sembler vouloir donner à notre argumentation plus de poids qu'elle n'en comporte, nous garderons habituellement à notre chroniqueur ce nom d'Anonyme sous lequel il est d'ordinaire connu.

Du reste, pour la juste appréciation d'un ouvrage historique, la connaissance des sources consultées par l'auteur est plus importante que le nom de ce dernier, surtout quand il s'agit d'écrivains de réputation très ordinaire. Pour composer l'*Histoire abrégée*, D. Pierre Lejeune s'est-il enfermé dans le chartrier de son abbaye, compulsant d'une main infatigable les diplômes et les bulles, feuilletant, analysant, annotant les divers cartulaires ou autres registres analogues, afin d'en extraire la trame de son récit ? Hélas ! il n'en fut rien. Si l'on relève les sources signalées dans la chronique en question, on constate aisément qu'elles se bornent à peu de chose : à la *Vita sancti Mauri* pour les temps primitifs, à l'*Historia Translationis et miraculorum*

du même saint Maur pour le IXe siècle, à de trop rares allusions au cartulaire écrit vers l'an 1147, à quelques bulles, à un « vieux calendrier d'obits », maintenant disparu [1], à deux ou trois inscriptions fixées aux murs de l'église abbatiale [2], à plusieurs fondations d'anniversaires et au « Cérémonial local [3] ». Mais, ce qui est plus grave, la plupart, les plus importants des documents utilisés n'ont été connus de l'auteur que d'une façon fragmentaire, dans des ouvrages modernes, donc de seconde main. Lui-même l'avoue avec une très louable franchise : « On croit, dit-il, devoir avertir, en finissant ce mémoire (cette histoire abrégée), qu'on n'y donne que ce qu'on a promis, c'est-à-dire *un extrait, non des originaux qu'on n'a pas lus, mais seulement* (un extrait) *des mémoires, qui paraissent assez fidèles, de ceux qui les ont lus.* Ceux qui voudront voir ces originaux mêmes et quelque chose de plus ample le pourront, à l'ouverture du Chartrier, dans des manuscrits fort anciens, en parchemin, que nos mémoires assurent être soigneusement gardés [4]... »

Ainsi donc, non seulement l'auteur n'a pas *lu* les pièces originales, mais même il ne connaît leur existence que par ouï-dire. Pourtant, nous ne lui en ferons pas un crime : bien persuadés que, s'il n'a pas consulté les documents signalés, c'est parce que ceux-ci n'étaient point à sa portée, étant sans doute en la possession du seigneur abbé commendataire, René-Madelon de Sainct-Offange, 1671-1707, dont tout l'abbatiat, au dire de D. Galand, se résume en ce seul mot : « Il n'a rien fait de remarquable, que beaucoup de procès aux religieux [5] ». Précisément, en 1702 — date pro-

[1] Cf. mon article *L'abbaye de Saint-Maur du* X^{e} *au* XIIIe *siècle* dans *Revue de l'Anjou*, 1905, page 428 (page 53 du tirage à part).

[2] Cf. pages 91-92 du mss. 772 de la ville d'Angers.

[3] Page 109 du même mss.

[4] Mss. 772 page 225.

[5] Bibl. Nat. Latin 12.683, fol. 336. René Madelon est le successeur et petit neveu de Madelon-Claude de Sainct-Offange, signalé à la page 183.

bable ou approximative de la première rédaction de l'*Histoire abrégée*[1],— une de ces actions judiciaires était pendante entre l'abbé et les réformés ; et le R. P. Thomas Jouneaux, prieur, dut écrire à Mabillon, en quête de renseignement : « Je doute fort qu'il (l'abbé) veuille rien nous communiquer, à cause du procès que nous avons contre lui[2]. »

Toutefois, on est en droit de reprocher à l'Anonyme d'avoir été si peu explicite sur « les Mémoires de ceux qui les ont lus » (les originaux en question). Quels étaient leur date? l'auteur? leur nombre et leur étendue? voilà ce qu'il eût été utile d'indiquer. Nous croyons pourtant qu'il s'agit ici, avant tout, peut-être même exclusivement, des Mémoires adressés vers l'an 1650 au nouveau *Gallia christiana*, par l'abbé de Saint-Maur, et dont nous avons déjà parlé. Ce sont du moins les seuls cités en termes exprès dans tout le cours de l'*Histoire abrégée*[3], et il va de soi que leur rédacteur était plus que personne en situation de consulter à loisir le chartrier.

Quoi qu'il en soit de ce détail, l'œuvre de l'Anonyme ne paraît pas avoir joui d'une haute considération auprès des savants Mauristes siégeant à Saint-Germain-des-Prés. La copie, faite en 1710, leur fut sans doute envoyée ; autrement, on n'expliquerait pas sa présence dans le recueil dit *Monasticon benedictinum*[4]. Toujours est-il que cette copie fut examinée et jugée défavorablement, au grand déplaisir de l'auteur, qui s'en plaint en termes assez amères, dans une « *Réponse à la critique de ce Mémoire*[5] ». Autant qu'on peut en juger par ce dernier écrit, on reprochait à l'auteur :

[1] Cf. la lettre de D. Jouneaux, page 13.

[2] Bibl. Nat. Latin 12.683 fol. 336.

[3] « ... Abbaye (de Saint-Maur) beaucoup déchue par les commendes, les hérésies et les guerres civiles du XVIe siècle, *comme l'abbé de Sainct-Offange parle lui-même dans ses Mémoires.* » Page 99 du mss. 772.

[4] Cf. supra, page 6.

[5] Cette réponse ne se trouve que dans le mss. d'Angers p. 215-222, et non dans celui de Paris. Le texte de 1702, on s'en souvient, avait

d'avoir parlé trop longuement de la vie de saint Maur à Subiaco et au Mont-Cassin ; d'avoir admis dans son récit « bien des simplicités, qu'on refusait du reste de marquer » ; d'avoir « donné de la morale dans l'histoire... et dénigré l'état religieux », en signalant ses défectuosités ; enfin, d'avoir parlé de « l'interdit de la chapelle Saint-Séverin », lancé par l'évêque d'Angers en 1705 et que les PP. Mauristes eussent volontiers passé sous silence. A vrai dire, la plupart de ces critiques ne nous touchent guère et nous souhaiterions qu'on n'eût pas de plus graves reproches à adresser à notre chroniqueur, qui termine ainsi sa réponse :

« Au reste, on ne prétend pas qu'il n'y ait point de fautes dans notre Mémoire ; ce serait trop téméraire, puisqu'il s'en trouve dans tous les ouvrages, même dans les Pères de l'Église et, si on l'ose dire, dans l'Écriture (Sainte)... Aussi, l'auteur y en trouve-t-il lui-même, lorsqu'il se relit. Mais il se plaint seulement de ce qu'on ne les lui dit pas à lui-même pour les pouvoir corriger ; et, avec le Père de Mainbourg [1], on lui refuse cette justice qu'on n'a pas refusée à Luther » (!)

Ce premier moment d'émotion passé, le calme revint sans aucun doute, puisque l'auteur continua sa chronique jusqu'en l'année 1717. La mort vint aussi, probablement à cette dernière date ; et, avec la mort, l'oubli. Car, en 1748 Dom Galand, le nouvel historien du monastère, objet du paragraphe suivant, ignorait complètement l'*Histoire abrégée* dont nous venons de parler.

été soumis à l'appréciation de Mabillon et de ses collègues. (Cf. page 13). Nous ignorons quel verdict en fut porté. Mais la *Réponse* ici mentionnée ne peut pas viser le jugement de 1702, en admettant qu'il ait existé, puisqu'elle suppose un texte racontant l'interdit de la chapelle Saint-Séverin, donc postérieur à 1705.

[1] Le père de Mainbourg fut chassé de la Compagnie de Jésus pour avoir pris la défense des libertés gallicanes (1696).

II

Chronique de l'abbaye royale de Saint-Maur

Par D. Jean-Martial GALAND (1748)

D. Martial Galand, religieux de la congrégation de Saint-Maur, né à Saint-Julien [1] vers 1702 et mort à Notre-Dame de Noyers [2] en 1766, avait fait profession, le 30 janvier 1724, au monastère de Bourgueil, qui alors faisait partie du diocèse d'Angers. Aussi ses études semblent-elles avoir eu surtout l'Anjou pour objet [3]. En 1748, le 20 avril, il mettait la dernière main à *L'histoire ou chronique de l'abbaye royale de Saint-Maur*, commencée depuis trois ans et qui, restée manuscrite, est conservée aujourd'hui à la Bibliothèque Nationale sous la cote 18.923 du fonds français (jadis coté 1.067 du fonds Saint-Germain résidu). Écrit entièrement de la main de l'auteur, ce volume forme un ensemble de V feuillets et de 396 pages, mesurant 205 sur 305 millimètres. En tête, à la suite de la préface, on voit les armes coloriées de l'abbaye : d'azur à 7 fleurs de lys d'or, posées 3, 3 et 1. Les titres des principaux chapitres ou paragraphes, ainsi que les lettres initiales de chaque alinéa sont à l'encre rouge ; de même, un

[1] Diocèse de Tulle.

[2] Indre-et-Loire, arrondissement Chinon, canton de Sainte-Maure, commune de Marcilly-sur-Vienne.

[3] Outre l'*Histoire de Saint-Maur*, il a rédigé l'*Histoire ou catalogue des Evêques d'Angers*, fol. 261-343 du mss. français 18.923, et la *Chronologie des seigneurs de Craon de* 987 *à* 1738, mss. français 19.863 de la Bibl. Nat.

filet rouge encadre chaque page de ce manuscrit. De temps à autre, celle-ci est divisée en deux colonnes ; l'une pour l'histoire de Glanfeuil, l'autre pour celle de Saint-Maur des Fossés [1]. L'histoire de notre abbaye s'arrête, à proprement parler, à la page 198 ; mais l'auteur a ajouté, en appendice, de nombreuses notes ou remarques, qui occupent les pages 201 à 260, 345 à 396, entre lesquelles il a placé son *Histoire ou catalogue des évêques d'Angers*, p. 261 à 343.

Remarquons tout d'abord que D. Galand n'a point connu l'ouvrage de l'Anonyme, ce qui peut paraître assez étrange. Non seulement il ne le cite jamais, pas même dans la longue liste des ouvrages consultés par lui (page 249), mais il déclare formellement n'avoir entrepris son histoire de l'abbaye « qu'après l'abandonnement qu'en ont fait deux religieux de ce monastère (Thomas et François Lohier), distingués par leurs mérites, mais dont les mémoires sont restés dans la poussière et l'oubli [2] », ajoutant encore « qu'il aurait été à souhaiter qu'une main plus adroite et plus habile que la sienne eût travaillé à cet ouvrage ». — On le voit, pas un mot, pas une allusion à l'Anonyme, à l'*Histoire* dite *abrégée*, mais cependant complète, allant de 543 à 1717. D. Galand ne connaît que les mémoires laissés inachevés de ses deux confrères et il s'est mis à l'œuvre à cause même de cet « abandonnement ».

L'œuvre des Pères Lohier ne nous est connue que par l'unique citation qu'on vient de lire. A part ce texte, nous savions seulement que la congrégation de Saint-Maur (province de Bretagne) comptait en son sein, au second quart du XVIIIe siècle, trois bénédictins du nom de Lohier : Thomas, Guillaume et François, probablement frères, du moins nés tous les trois à Ploërmel, dans l'ancien diocèse de Saint-

[1] C'est ce qui a lieu pour les pages 24 et 25, 32 et 33, 48, 82, 85, 104, etc.

[2] Préface. — Les noms des deux religieux sont seulement en marge.

Malo, à peu près à la même date (1698, 1696 et 1704), profès de Saint-Melaine de Rennes respectivement en 1717, 1718 et 1722, enfin morts tous les trois seulement à quelques années d'intervalle, 1749, 1745 et 1748 [1].

Nous savions encore que le premier des trois, D. Thomas, avait, pendant douze ans, rempli les fonctions de prieur : à Saint-Mathieu Fin-de-Terre [2] 1730-1739, à Lévières (Angers) 1739-1742, à Tuffé [3] 1742-1745, *à Saint-Maur-sur-Loire* 1745-1748, enfin à Saint-Jean de Châteaugontier, alors du diocèse d'Angers, où il mourut le 22 décembre 1749. Puisqu'il a, avec son confrère D. François, entrepris une histoire de l'abbaye de Saint-Maur et que dès 1745 celle-ci gisait déjà « dans la poussière et l'oubli », il est de toute nécessité d'en placer la rédaction entre l'année 1722, date de la profession de D. François Lohier, et 1736, époque où D. Thomas inaugure ses fonctions prieurales.

On peut encore affirmer sur ce sujet : 1° que nos deux religieux s'étaient inspirés largement de l'Anonyme, en avaient même copié de nombreux passages, pour les insérer dans leur Mémoire historique ; et 2° que ce Mémoire historique ne dépassait guère le milieu du XIe siècle. En effet, pour tout lecteur tant soit peu attentif, qui voudra lire concurremment *l'Histoire abrégée* de 1709 et l'*Histoire de l'abbaye* de 1748, il deviendra bien évident que celle-ci, en maints endroits, a copié celle-là et que d'un autre côté ce travail d'imitation cesse complètement à partir de l'an 1036. Double phénomène qui serait inexplicable sans la rédaction intermédiaire des Pères Lohier (vers 1730) : puisque, d'une

[1] Cf. la *Matricula monachorum professorum congregationis sancti Mauri in Gallia O. S. B., ab anno MDCXCVI*, in-fol. — L'exemplaire conservé à la bibliothèque de Saint-Maur indique nos trois Pères Lohier sous les nos 5.423, 5.447 et 5.687.

[2] Finistère, canton de Plougouvelin.

[3] Sarthe, arrondissement de Mamers. En 1768, Tuffé ne possédait que deux religieux.

part, D. Galand affirme n'avoir pas connu l'Anonyme et que d'autre part, celui-ci, bien loin de s'arrêter à 1036, poursuit sa chronique jusqu'en 1717. Au contraire, tout s'arrange sans difficulté, si l'on admet — et pourquoi ne le ferait-on pas ? — que *l'Histoire abrégée* (de 1709) est passée en partie dans la rédaction de 1730 et que celle-ci, interrompue vers le milieu du XIe siècle, a été à son tour utilisée par l'historien de 1748.

Pour mettre la chose tout à fait au clair, il importe de citer des textes. En voici quelques-uns, empruntés à la préface de l'une et de l'autre chronique :

ANONYME	D. GALAND
Tirant de *la poussière et de l'oubli...*	Mémoires restés dans *la poussière et l'oubli...*
Les révolutions des temps, des hérésies et des guerres civiles nous ayant dérobé les titres et les plus riches monuments de son antiquité, nous ne laisserons pas de produire le reste, tout défiguré qu'il est ; en représentant les choses en historien sincère, comme on trouvera qu'elles se sont passées, le mal de même que le bien, afin de porter nos successeurs à éviter l'un et imiter l'autre.	(Passage reproduit intégralement par D. Galand, sauf une ou deux variantes sans importance.)

Après la préface se trouvent les deux titres suivants qui ne sont pas sans quelque analogie :

ANONYME	D. GALAND
Catalogue des abbés et fondateurs de Saint-Maur, pour servir de table *aux choses plus mémorables* qui s'y sont *passées sous le règne de chacun d'eux.*	*Chronologie historique des seigneurs abbés* du monastère de Glanfeuil *avec les faits mémorables passés pendant leur abbatialité.*

Lisons encore ces fragments parallèles, relatifs à des événements des IXe-XIe siècles :

ANONYME	D. GALAND
Page 47. *L'ecclésiastique Ebroin parent de Rorige...* obtint de Pépin, fils de Louis le Débonnaire..., le monastère de Saint-Maur, on ne sait à quel titre, sinon *comme protecteur, et pour empêcher qu'il retombât dans des mains qui en ruinassent le bon ordre et la discipline.*	Page 27. *Ebroin*, jeune *ecclésiastique, parent de Rorige,* demanda l'abbaye de Glanfeuil à Pépin, roi d'Aquitaine et comte d'Anjou, pour *en être le protecteur et empêcher qu'elle ne retombât entre les mains de quelque personne qui en ruinât le bon ordre et la discipline.*
Page 48. *Tant que Rorige vécut, il n'inquiéta point les moines des Fossés,* qui y demeuraient. *Mais, après sa mort, il les obligea de retourner* aux Fossés, *retenant seulement quelques-uns* d'entre eux, *pour faire l'office avec ceux qui y avaient été admis depuis le rétablissement.* Et *ceux des Fossés ne purent se maintenir, etc.*	Page 30. *Tant que le comte Rorige fut en vie, il n'inquiéta point les moines des Fossés. Mais, après la mort* du comte, *il leur ordonna de s'en retourner, à la réserve de quelques-uns, pour faire l'office* conjointement *avec d'autres qui y avaient été admis* à la profession *depuis le rétablissement. Ceux des Fossés ne purent se maintenir, etc.*
Page 56. Le même abbé Gauslin, après sa promotion aux ordres sacrés, *partit pour le Mont-Cassin, où il fut reçu* fort honorablement de l'*abbé* d'alors, nommé *Théodemar,* qui le conduisit *au sépulcre de saint Benoît* et, là, devant son sacré corps, *le confirma abbé et lui conféra* à lui *et à ses successeurs... la prévôté du Mont-Cassin et le vicariat général de tout l'Ordre de saint Benoît en France.*	Page 32. Goslin, peu de temps après, *partit pour le Mont-Cassin, où il fut reçu* par *l'abbé Théodemar,* qui le *confirma abbé de Glanfeuil* devant *le sépulcre de saint Benoît et lui conféra et à ses successeurs la prévôté du Mont-Cassin et le vicariat général de tout l'Ordre de saint Benoît en France.*
Page 61. *Hildebrand, évêque de Séez, ne pouvant pas aller recevoir les saintes reliques, y envoya son archidiacre avec des principaux de son clergé ;* lesquels, *s'étant joints aux religieux, mirent la châsse du saint dans une église de Saint-Julien.*	Page 58. *Hildebrand, évêque de Séez, ne pouvant pas aller* lui-même *recevoir les reliques du saint, y envoya son archidiacre avec les principaux de son clergé,* qui, *s'étant joints aux religieux, mirent la châsse du saint dans l'église de Saint-Julien.*

ANONYME	D. GALAND
Page 66. Enfin, après une longue désolation, un certain Odon, abbé des Fossés, *l'an* 1036, *eut quelque scrupule de voir un tel sanctuaire dans un tel état. Il le fit réparer* et *rebâtir l'église à neuf* et *dédier* derechef *sous le nom de Saint-Sauveur*... Il la fit consacrer *par Hubert, évêque d'Angers*, etc.	Page 113. Odon IV *eut quelque scrupule de voir ce saint sanctuaire en cet état*, de sorte qu'*il fit réparer* les bâtiments du monastère et *rebâtir l'église à neuf*, telle qu'on la voit aujourd'hui, *et la fit dédier sous le nom de Saint-Sauveur, l'an* 1036, *par Hubert* de Vendôme, *évêque d'Angers*, etc.

L'imitation est flagrante ; mais elle cesse entièrement après la dernière citation que nous venons de faire, relative à la consécration de l'église en l'an 1036. Nous avons déjà conclu de ce singulier phénomène que les Pères Lohier, remaniant la chronique de l'Anonyme, avaient dû arrêter leur travail vers le milieu du XIe siècle [1]. C'est, en effet, la seule explication possible de ces emprunts manifestes à l'*Histoire abrégée*, ignorée de D. Galand, ainsi que de leur interruption subite après 1036.

Par ailleurs, ces emprunts, ces coups de ciseaux dans le manuscrit de deux confrères, cadrent bien avec les déclarations du chroniqueur de 1748 : « Je me suis servi, écrit-il au début de son travail, de plusieurs auteurs qui ont parlé de cette célèbre abbaye, et ainsi je pourrais dire que je n'en suis pas (l') auteur.

...J'ai marqué à la fin de cet ouvrage tous les livres (une

[1] Il existe aux Archives de Maine-et-Loire, sous la cote H. 1.533, une courte chronique de l'abbaye de Saint-Maur, qui va de l'an 1668, date de l'introduction de la réforme, à 1717 (l'an 1717 marque aussi la fin de l'*Histoire abrégée*). Ce récit — œuvre d'un moine réformé, peut-être de Thomas ou de François Lohier, et qui a été publié par Dom Guilloreau avec d'intéressantes notes, dans l'*Anjou historique*, 1900, p. 241-247 — n'est que la reproduction écourtée de l'Anonyme, sauf quelques menus faits nouveaux et des retouches de style. Dom Galand ne l'a sûrement pas connu ; du moins, on n'en trouve pas trace dans sa rédaction.

centaine environ), dont j'ay recueilli ce qui faisait (allait) à mon sujet. J'ai compilé sur chaque matière ce que j'ai cru convenir à mon dessein dans les différents auteurs qui en avaient traité avant moi, et je n'ai pas fait de difficultés *d'employer les propres termes des auteurs* dont je me suis servi, et d'insérer dans mon ouvrage quelques extraits entiers, tels que je les trouvais... »

Rien de mieux, quand ces citations se fondent tout naturellement dans le cours du récit, et c'est le cas pour les textes empruntés aux Pères Lohier. Mais par malheur il n'en va pas toujours ainsi dans la « Chronique de l'abbaïe roïale ». Assez souvent, D. Galand compile, accumule emprunts sur emprunts, qui se changent en digression ou hors-d'œuvre et font perdre au lecteur le fil de la narration : défaut à signaler d'une façon toute spéciale pour les événements monastiques du IXe au XIIe siècle, presque sans cesse entrecoupés d'éléments étrangers, tels que l'histoire des Fossés — longuement citée, même quand elle n'a aucun rapport avec l'abbaye de Glanfeuil, — tels encore les ravages des Normands en France, en Anjou, etc.

Nous sommes en présence de matériaux, plus ou moins abondants, plus ou moins utiles, mais mal coordonnés, mal agencés : l'édifice reste à construire. L'Anonyme est moins riche, mais combien moins encombré, combien plus agréable à lire !

De plus, ces ouvrages nombreux consultés par D. Galand et dont il nous donne lui-même la liste alphabétique, pp. 249-260, ne sont, pour les neuf dizièmes, que travaux de seconde main et dont beaucoup ont seulement un rapport lointain avec l'histoire de notre abbaye [1]. Les principaux, presque les seuls à retenir, sont, outre la *Vita s. Mauri* et l'*Historia translationis* connus de tous, les *Actes capitulaires de*

[1] D. Galand les avait-il, du moins, tous à sa disposition? On peut en douter, à la manière dont plusieurs sont signalés.

l'abbaye de Saint-Maur-sur-Loire à partir de 1668 [1], le *Cérémonial* ou Coutumier du même monastère cité également par l'Anonyme, les *Registres « baptistaires et mortuaires de l'église paroissiale de Saint-Martin de Glanfeuil »*, enfin, ce qui est peu explicite, une « quantité de bons mémoires (relatifs) à cette abbaye... que le sieur Javary, chanoine de l'insigne église d'Angers, a extraits du trésor de cette église d'Angers ». Quels étaient ces « bons mémoires ? » On peut se le demander, d'autant plus, qu'à part une ou deux fois ils ne sont jamais cités.

Dans la liste précédente, on s'attendait sans nul doute à rencontrer le *Cartulaire* de Glanfeuil, recueil de Chartes inestimable pour l'histoire des XIe et XIIe siècles. Il n'y est pas : preuve que D. Galand ne l'a point connu, ne l'a point feuilleté ni consulté *directement*. Ce qui explique pourquoi plusieurs de ses références à cette source précieuse, données au cours de son histoire, sont pour le moins inexactes [2]. D'autres, au contraire, sont rigoureusement vraies [3]. Que conclure de tout cela, sinon qu'il en est de D. Galand comme de l'Anonyme : plus d'une fois l'un et l'autre s'appuient, non « sur les originaux qu'ils n'ont point lus, mais sur les travaux de ceux qui les ont lus [4]. Du reste, lui-même l'avoue en termes assez clairs par le silence qu'il garde du Cartulaire

[1] Ce registre, qui contenait au moins 128 pages (Cf. D. Galand, p. 194), est aujourd'hui perdu. Du moins, je n'ai pu le trouver dans l'*Inventaire sommaire des Archives de Maine-et-Loire* (t. I de la série H), par C. Port.

[2] Ainsi, à la page 25, à l'occasion de la charte d'Anowareth, D. Galand renvoie au *Cartulaire*,p. 6. Or, le texte qu'il donne est celui conservé dans une vieille bible de Saint-Maur, et non pas le texte du *Cartulaire*. Des inexactitudes analogues se retrouvent aux pages 27, 34, 118, etc.

[3] Les pages 12, 10, 4, 14 du *Cartulaire* auxquelles D. Galand renvoie (*Hist. mss.*, p. 33, 115, 117, 119) sont bien celles du *Cartulaire* conservé aujourd'hui aux Archives de Maine-et-Loire, sous la cote H. 1.773.

[4] Cf. *supra*, p. 16.

dans la longue liste en question, et aussi par ce qu'il dit du bibliothécaire ou archiviste du monastère : « Je n'ai jamais pu avoir aucune instruction ni mémoires du garde-chartes de ce monastère (D. Pierre Bellanger), depuis trois ans que je lui en demande [1] » ; et encore un peu plus loin, à l'occasion d'un renseignement fourni par « un ancien officier » de Saint-Maur : « c'est tout ce que j'ai pu arracher de cet habile homme pour écrire la présente histoire [2]. » Toutefois, il dépasse, à notre avis, les limites de la vérité, comme aussi celles de la simple politesse, quand il ajoute : « Ce qui ne doit pas vous étonner, *connaissant le sujet* (D. Pierre Bellanger) *dépouillé de toutes sortes d'humanité* [3]. » Car, d'un côté, il est clair que les sources mentionnées plus haut (*Actes capitulaires, Cérémonial local, Registres de la paroisse*, Mémoires des Pères Lohier, et cette quantité de bons mémoires envoyés par M. Javary) lui ont été communiqués par les religieux de Saint-Maur ; et il n'est pas démontré, par ailleurs, que ceux-ci aient eu plus de documents à mettre à sa disposition : une bonne partie des archives anciennes étant, selon toute apparence, entre les mains des abbés commendataires, ainsi qu'il a déjà été dit [4].

Le plan adopté par D. Galand et par l'Anonyme est fort simple : ils suivent l'ordre du temps, la série « des seigneurs abbés », en y joignant « les choses les plus mémorables qui se sont passées sous le règne de chacun d'eux. » Il eût été avantageux, tout en maintenant l'ordre chronologique, d'essayer quelque division dans ce trop long espace de

[1] Préface, vers la fin.

[2] P. 116.

[3] Préface. — Le nom du religieux, traité avec si peu de ménagement, se trouve seulement en marge et encore recouvert d'un morceau de papier.

[4] Cf. ci-dessus, p. 16.

douze siècles (543-1748) ; le récit y aurait gagné en clarté et en intérêt. Nous ne pouvons suivre nos deux chroniqueurs dans cette trop longue série : le cadre de ce travail ne le permet pas ; d'ailleurs il est difficile d'analyser, c'est-à-dire d'abréger une « *histoire* (déjà) *abrégée* » ; enfin un tel résumé nous amènerait fatalement à répéter en majeure partie deux articles déjà publiés : *Les vicissitudes de l'abbaye de Saint-Maur aux VIIIe et IXe siècles* [1], et *l'abbaye de Saint-Maur de Glanfeuil du Xe au XIIIe siècle* [2]. Force est de nous borner à quelques remarques historiques ; nous choisirons de préférence celles qui sont de nature à compléter nos deux précédentes études, renvoyant à plus tard, ou mieux laissant à d'autres le soin de traiter la période moderne de l'abbaye de Saint-Maur.

[1] Paru dans l'*Anjou historique*, 1904.

[2] Paru dans la *Revue de l'Anjou*, 1905 et 1906.

III

Quelques remarques historiques sur les chroniques de l'Anonyme et de D. Galand

1° Que pensait-on, au début du XVIIIe siècle, de la *Vita sancti Mauri ?* quelle confiance accordait-on à ce texte, sur lequel repose l'histoire des origines de notre monastère angevin ? L'Anonyme l'indique, avec trop peu de détails, en signalant d'un côté les attaques du ministre protestant Basnage qui nie l'existence de saint Maur, celles de Baillet qui, au contraire, admet deux saints de ce nom, l'un disciple de saint Benoît et l'autre fondateur de Glanfeuil, et d'un autre côté en applaudissant à la réponse de Dom Thierry Ruinart, intitulée, *Apologie de la mission de saint Maur en France :* travail consciencieux, auquel l'Anonyme s'en refère complètement, sans même prendre la peine de reproduire les arguments du savant Mauriste, et encore moins d'en discuter la valeur.

Toutefois l'exposé de notre chroniqueur pourrait être plus exact. La controverse est bien antérieure à Basnage. Bollandus en 1643, surtout Mabillon en 1668 avaient déjà mis en évidence, dans leur grand recueil hagiographique, les défauts qui déparent la *Vita sancti Mauri*, sans rejeter cependant son authenticité. Papebrock, un des principaux collaborateurs et continuateurs de Bollandus, se montre déjà plus sévère, moins optimiste (1680) : frappé de la lourde bévue de Fauste — qui place l'évêque Bertrand du Mans en 543 et lui donne Domnole pour successeur ! — il a bien envie de jeter au panier notre légende. « A la vue de ces erreurs, écrit-il [1], je suis fortement incliné à regarder ces prolixes Actes de saint Maur comme une production d'époque tardive, semblables à ceux du martyre de saint Placide. Quelles vérités se cachent parmi tant de grossiers mensonges? il est mal aisé, peu prudent de le conjecturer. »

Cependant, le savant bollandiste n'ose pas risquer un jugement plus décisif. Bien plus, il propose une solution — toute conjecturale, d'ailleurs, c'est bien ainsi qu'il l'entend — qui sauverait au moins une partie des *Acta sancti Mauri:* ce serait de placer la venue de saint Maur en Gaule, non à l'époque de son adolescence ni du temps de saint Benoît († vers 543), mais quarante ans plus tard, du temps de Bonitus, cinquième abbé du Mont-Cassin, et au début de l'épiscopat de Bertrand (586). Dans cette hypothèse, le motif qui eût obligé saint Maur de renoncer à la fondation mancelle eût été non pas la mort de l'évêque Bertrand, comme le dit la légende, mais les démêlés de celui-ci avec la veuve de son prédécesseur [2].

Du reste, Papebrock ne traita jamais la question *ex professo*, ni avec l'ampleur qu'elle mérite. Lui-même en con-

[1] « Ego vero, dum hæc considero, vehementer impellor... ut prolixum illud de sancto Mauro scriptum merum esse sequentis ævi figmentum opiner, ei simile quod de martyrio sancti Placidi habetur; cui, quid solidæ veritatis subsit inter tot mendaciorum monstra, nequeat vel per conjecturam prudentem definiri. » Observat. præviæ nos 9 et 10, ad Vita s. Domnoli, dans les *Acta SS.*, mai, III, 605.

[2] « Nisi forte placet suspicari, paulo ante Cassinensis monasterii factam a Langobardis destructionem, id est ante annum 589, a sancto Bertegranno quidem exoratum *Bonitum*, non Benedictum abbatem, suo condisciplo Mauro, jam ætate gravi, primam trans Alpes coloniam deducendam commisisse : Maurum vero intellecta non morte episcopi, sed turbis in episcopatu suscitatis a decessoris defuncti vidua... » etc. *Loc. cit.*, no 10, p. 605. — Le P. Henschenius, dans son *Commentaire sur la vie de saint Romain* (22 mai, *Acta SS*, t. V, p. 153, no 3), n'ose pas se prononcer sur la valeur de la *Vita s. Mauri* et fait observer en faveur de l'hypothèse susdite que Bonitus est mort la *veille de Pâques* (note *g*), ce qui concorde assez bien avec la légende.

vient [1]. Ce soin fut dévolu, vers 1696, aux nouveaux éditeurs du Bréviaire de Paris. A cette occasion, « les gens les plus habiles et les plus versés dans l'histoire ecclésiastique examinèrent pendant plusieurs années ce qu'il serait à propos de recevoir ou de rejeter [2]. » La Vie de saint Maur fut passée au crible : toutes les erreurs, les confusions grandes ou petites, les invraisemblances historiques furent comptées, et l'on conclut à la non-valeur de ce texte. Ce qui n'empêcha point l'autorité ecclésiastique, représentée par le cardinal de Noailles, archevêque de Paris, de maintenir la fête et les leçons traditionnelles du 15 janvier, en l'honneur de l'abbé de Glanfeuil et du disciple de saint Benoît, toutefois en y ajoutant ce correctif que telle était du moins la croyance de beaucoup de siècles : « Maurus diaconus *qui a multis sæculis*, ut ex libro Miraculorum sancti Benedicti constat [3], *is creditus est* quem jussu beati Benedicti... » (début de la première leçon du second nocturne [4].

C'est seulement alors qu'apparurent les attaques de Basnage (1699) dans son *Histoire de l'Eglise* [5], et de Baillet (1702), les seules dont parle l'Anonyme.

2° Mais à côté des adversaires, à côté aussi des modérés s'efforçant de rester dans les justes limites de la vérité, il y

[1] « Sed hæc plene discutienda erunt in nova atque in duplum augenda... editione Januarii. » *Ibid.*

[2] Cf. *L'Apologie de la mission de saint Maur*, par D. Ruinart, p. 89-90, ainsi que la préface.

[3] Les auteurs du bréviaire parisien s'appuient sur les *Miracula sancti Benedicti* d'Adrevald (vers 878), parce qu'ils croyaient, bien à tort, cet ouvrage antérieur à la *Vita s. Mauri.*

[4] La seconde leçon est empruntée à la lettre d'Odon racontant à l'archidiacre du Mans la translation du corps de saint Maur à Saint-Pierre-des-Fossés. La troisième et dernière reproduit le texte même de la charte d'Enée (évêque de Paris), y compris la suscription initiale et l'annonce du sceau.

[5] 2 vol. in-fol., imprimés à Rotterdam

avait *les admirateurs à outrance de saint Maur* et de son rôle comme propagateur de l'Ordre bénédictin en France. Tel, le général de la congrégation de Valladolid, D. Antoine Yepez († 1621), dont les volumineuses Chroniques bénédictines méritèrent d'être traduites en français par un autre supérieur de congrégation, Dom Rhetelois (de la congrégation de Saint-Vannes † 1683), et qui voit dans notre saint le fondateur de 120 monastères bénédictins et gaulois, sans compter quarante autres communautés réformées par lui[1]. Tel Bucelin dans son *Menologium benedictinum* (1655). Tel encore l'auteur de l'*Annus mariano-benedictinus*[2] qui, reprenant les idées de l'annaliste espagnol, s'écriait : « Pendant quarante ans il a illustré ce royaume (de France), créant plus de cent soixante cloîtres ; plus il fuyait les biens de ce monde, plus il en était comblé par la libéralité des princes. Aussi le roi Charles IX pouvait-il dire : Maur, avec son Bréviaire, a acquis plus de richesses à ses abbayes que tous les rois, par leurs armes, à leurs provinces[3].. »

[1] *Chronicques*, t. Ier, p. 175 (anno Domini 552).

[2] Voici le titre complet de ce curieux volume in-12 : *Annus mariano-benedictinus, sive sancti illustres ordinis sancti Benedicti, in singulos anni dies, cum suis iconibus et vitæ elogiis distributi, ab alma congregatione academica titulo beatæ Mariæ Virginis Assumptæ, in celebri Universitate Salisburgensi benedictina erecta et a S. Pontifice confirmata* (1668).

[3] « Quadraginta annis illud regnum illustravit divus (Maurus) et supra 160 cœnobia condidit ; ac quo magis illas fastidiret, eo plures regum liberalitate sibi suisque cœnobiis opes affundi vidit. Ut non vane rex Carolus dixerit *Maurum suo Breviario plures suis cœnobiis peperisse, quam reges gladio provinciis suis acquisiissent.* » *Loc. cit.* (15 janvier). — Suivant Yepez, cette dernière parole devrait être attribuée au roi Louis XII, au lieu de Charles IX. La même idée fut reproduite, au XVIIIe siècle, dans une gravure représentant un roi de France sur son trône : à ses pieds, saint Maur lui présente un livre (Règle ou Bréviaire), pendant qu'un officier lui montre un faisceau d'armes. Une banderole contient la réponse du souverain : « *Plura Maurus precibus quam nos armis.* » Cette gravure elle-même sert en quelque sorte de commentaire et d'ornement à une carte géographique intitulée : *France bénédictine ou carte générale des abbayes et des prieurez conven-*

Nos deux chroniqueurs ont-ils connu ces pieuses et quelque peu ridicules exagérations ?

C'est tout à fait probable. En ce cas, félicitons-les de les avoir passées sous silence.

***

3° En revanche, l'un d'eux (l'Anonyme) nous signale l'existence d'un poème latin sur Florus, ce généreux seigneur mort sous le froc bénédictin, après avoir abandonné sa villa de Glanfeuil à saint Maur et à ses compagnons. Il en cite même le premier distique, à hémistiches rimées :

Floribus hic *septus*, præstabile culmen *adeptus*,
Omnia *posthabuit*, seque Deo *tribuit*

Mais pourquoi ne nous a-t-il pas copié le poème tout entier, « qu'on conserve, assure-t-il, dans un ancien manuscrit des archives de notre abbaye. ? » Ces vers eussent sans doute été le digne pendant du *Carmen de sancto Mauro*, également à hémistiches rimées, publié il y a une vingtaine d'années par les bollandistes [1].

D. Galand ajoute que le nom de Florus, à la date du 21 août — jour de sa mort, suivant la *Vita s. Mauri* [2] — se trouve dans le martyrologe de France » d'André du Saussaye [3] ; il est inscrit en outre dans beaucoup d'autres martyrologes, au dire de Bollandus [4], en particulier dans quelques

tuels de l'Ordre de saint Benoît, tant hommes que filles. Mise au jour à Norimbert, anno 1738. Elle fait partie de la collection de Peigné-Delacourt, 1869.

[1] *Catalog. cod. hagiogr. Latin*, I, p. 240.

[2] *Vita*, n° 58, dans l'édition des Bollandistes.

[3] *D. Galand*, p. 4.

[4] *Acta SS.*, janv., I, 1049 : « Eo die, in multis martyrologiis, ejus (Flori) inscriptum esse nomen. »

Auctaria ou éditions augmentées d'Usuard [1]. Etait-il aussi inscrit dans les livres liturgiques de Glanfeuil ? Du silence de l'Anonyme et de D. Galand on peut induire qu'il ne l'était pas, du moins aux XVIIe et XVIIIe siècles, et que nos deux chroniqueurs monastiques n'étaient pas mieux renseignés que nous sur le calendrier du monastère pour la période des débuts et tout le haut moyen âge. C'est du reste ce que mettent en pleine lumière et les notes marginales du martyrologe dont se servaient avant la révolution les religieux de Saint-Maur pour l'annonce des fêtes (notes qui ne disent rien de Florus) [2], et la lettre suivante du prieur, D. Thomas Jouneaux, adressée en 1702 à Mabillon [3].

« Mon révérend Père, nous n'avons aucun titre ni indice des corps des saints Antoine et Constantinien (compagnons de saint Maur) ; nous ne savons où ils sont ni où le pape Calixte les a transférés [4], nous n'en faisons aucune fête. Nous ne savons pas non plus à quel saint Séverin la chapelle qui est dans notre jardin est dédiée ; ce que je puis dire, c'est que nous chantons le répons des Abbés avec l'oraison, quand nous y allons faire la procession le jour de la Saint-Marc et le troisième jour des Rogations. *Nous n'en faisons aucune fête ni n'en avons aucune leçon* [5]. Ce monastère a été

[1] Par exemple, le martyrologium Bruxellense — écrit, à la fin du XIVe siècle ou au commencement du XVe, suivant le P. Sollier, S. J. Prolegomena, n° 233 — donne au 21 août : « Et beati Flori abbatis, discipuli sancti Mauri abbatis. »

[2] Ce martyrologe, imprimé en 1686, intéressant seulement à cause de ses notes marginales, appartient encore à l'abbaye de Saint-Maur.

[3] Lettre du 7 avril 1702, à la Biblioth. Nat., mss. latin 12.863, fol. 334.

[4] Cette translation, de l'an 1119, est mentionnée par Pierre Diacre dans la *Chronique du Mont-Cassin*, IV, 64.

[5] Cette affirmation, vingt ans plus tard, avait cessé d'être exacte. Les notes marginales dont nous avons parlé ci-dessus démontrent, en effet, que les religieux de Glanfeuil se décidèrent, peu après 1702, à faire mémoire dans leurs offices liturgiques de saint Séverin, apôtre du Norique (8 janvier) ; puis, se ravisant, ils supprimèrent cette commé-

si souvent ruiné qu'il n'a pu garder ces monuments de l'antiquité. »

***

4° Un peu plus loin, l'Anonyme insinue [1] que l'autographe de la règle bénédictine, donnée à saint Maur, fut porté à Marmoutiers vers 825-830, quand le comte Rorigon, assisté d'un moine de Tours, travaillait à relever de ses ruines le monastère de Glanfeuil. En cela, du reste, il n'est que l'écho d'une tradition monastique — affirmée avant lui par Brower [2], Mabillon [3], Ruinart [4], Martène [5], — d'après laquelle l'autographe de la règle bénédictine, conservée longtemps (*croit-on*) dans le trésor de l'abbaye de Marmoutiers, *provenait du monastère de Glanfeuil* [6]. On lisait, en effet, à la suite d'un ancien texte de la sainte Règle, copié à Fulda au XIIe siècle, la signature et note suivante :

« *Codex peccatoris Benedicti.* Væ mihi misero habenti contrariam mihi rem, qui reus in his omnibus quæ adversantur

moraison et célébrèrent la fête de saint Séverin, abbé d'Agaune (12 février), sous le rite double : « Fit duplex ob ejus reliquias et capellam a sancto Mauro in ejus honorem exstructam... »

[1] « Ce fut apparemment le moine Lambert (de Marmoutier) qui, présidant au bâtiment pour le comte, trouva dans les ruines du monastère cette Règle précieuse... » Mss., 772 de la Bibl. d'Angers, p. 40.

[2] *Fuldensium Antiquitatum*, l. 2, c. 16 (1612).

[3] *Acta sanctorum O. s. B.* Sæc. IV pars 1ª, præfat. n° 98.

[4] *Apologie de la mission de saint Maur* (1702), p. 38-39.

[5] *Histoire de Marmoutiers*, I, 166. Dom Martène ne semble admettre cette tradition qu'avec une certaine réserve, puisqu'il dit : « Si nous en croyons Browerus... »

[6] La même opinion fut admise ou soutenue, plus tard, par D. Ziegelbauer, *Historia rei litterariæ ordinis s. Benedicti*, III, 7, par D. Chamard ; *Les Saints personnages de l'Anjou* (1863), etc. — Le P. Schmidt, de l'abbaye de Metten (Bavière), dont les travaux sur la sainte Règle sont bien connus, pense que le *codex Regulæ* de Tegernsee représente l'autographe de saint Benoît emporté par saint Maur ; ce qui est contesté par la *Revue bénédictine* de Maredsous (1898), p. 509.

moribus meis malis. Tu vero, horum lector, si tuam videris vitam concordare præceptis, orans pro scriptore, codicem redde domino suo. »

D'où proviennent ces paroles et quel est ce « pécheur Benoît » ? La suite du texte, due au copiste de Fulda, va nous l'apprendre :

« Hæc verba sancti Patris (Benedicti) reperta sunt in fine Regulæ, quam ipse manibus suis propriis scripsit et *sancto Mauro, cum eum ad Gallias mitteret, tradidit.* Quæ verba domnus ac venerabilis abbas N [1], cum apud Majus monasterium Turonense in eadem Regula quæ ibi pro reliquiis servatur, invenisset, rogavit sibi apud Cluniacum transmitti [2], et in hac Regula nostra, pro amore ipsius sanctissimi Patris nostri, jussit studiose transcribi [3]. »

Ce commentaire prouve sans doute la croyance du scribe de Fulda à l'autographe en question et à sa provenance angevine ; mais démontre-t-il le bien-fondé de cette opinion? Mabillon, dans son voyage en Italie, a trouvé sur le dernier feuillet d'un manuscrit du Mont-Cassin un texte tout à fait identique au précédent, sauf que l'abbé de Fulda y est remplacé par celui de Cluny [4].

[1] Mabillon, *loc. cit.*, ajoute en note : « Ruthardus scilicet, electus in abbatem anno 1075. »

[2] Pourquoi ce transfert à Cluny?

[3] Texte cité par Mabillon, d'après Brower.

[4] Voici le texte copié par Mabillon ; nous soulignons les quelques mots ne concordant pas avec la rédaction de Fulda :

« Hæc verba (id est, Codex peccatoris Benedicti...) *sanctissimi* patris Benedicti reperta sunt in fine Regulæ quam ipse propriis manibus scripsit et sancto Mauro cum ad Gallias mitteretur, tradidit. Quæ domnus *Petrus, abbas Cluniacensis*, cum ad Majus monasterium Turonense in eadem Regula, quæ ibi pro reliquiis servatur, invenisset, rogavit *sibi* transmitti. » *Iter Italicum*, nov. 1685, p. 122. — Mabillon, dans ses *Acta sanctorum ordinis s. Benedicti*, Sæc. IV, pars I, p. 741 préface p. 64), cite la lettre bien connue des deux moines de Saint-Gall qui, vers 817, de la Gaule, envoient à leurs confrères germains « regulam beati Benedicti quæ de illo transcripta est exemplari, quod

D'où vient cette identité de rédactions, attribuant les mêmes faits à des abbés de deux monastères différents ? Lequel des deux scribes a copié l'autre ? quelle confiance dès lors attacher à leur témoignage ?

D'ailleurs la première partie du texte, — la seule vraiment ancienne et importante — fait songer non pas à l'auteur de la règle bénédictine, mais plutôt à un copiste quelconque, du nom de Benoît : « *Codex peccatoris Benedicti*... (lector) *orans pro scriptore, codicem redde domino suo.* »

Mabillon lui-même en convient dans son *Iter Italicum :* « Je crains fort, dit-il, que cette clause trouvée dans l'exemplaire de Tours soit seulement du scribe, non de l'auteur [1]. » Or, cette clause écartée, la tradition — si vraiment il y a eu tradition, ce qui n'est pas démontré — n'a plus de base et il devient inutile de conjecturer, avec l'Anonyme et autres auteurs, que l'autographe de Tours ou prétendu tel provient de l'abbaye de Saint-Maur.

5° Enfin nous terminerons ces remarques en revenant sur la question de la dépendance de Glanfeuil relativement au Mont-Cassin : dépendance clairement établie par une bulle d'Anastase IV du 13 janvier 1154 et qui survécut peu à la sentence pontificale du 5 février 1253. Nous avons dit

ex ipso exemplatum est codice quem beatus Pater sacris manibus suis exarare ob multorum sanitatem curavit. » Où se trouvait ce codex signalé ainsi en 817? Après avoir répondu (préface n° 98) : « Il était à Tours et provenait de Glanfeuil », Mabillon se montra plus tard beaucoup plus réservé dans ses *Annales bénédictines* (l. 28, c. 83) : Ubinam, dit-il, asservaretur ille codex, Cassini an alibi? » — Dom Schmidt (*Regula* 1892, p. 6) croit avec plus de vraisemblance que le codex ici visé était celui que Charlemagne avait reçu de l'abbé Théodemar.

[1] *Iter Italic.*, nov. 1685, p. 122. — Pour le Dr Traube, ce scribe du nom de Benoît serait saint Benoît d'Aniane ; pour le R. P. Chapmann, c'est un copiste quelconque. Cf. la *Revue bénédictine* de Maredsous, 1898, p. 510.

ailleurs[1] que la plupart des écrivains monastiques — y compris bien entendu nos deux chroniqueurs, D. Galand et l'Anonyme — avaient fait remonter jusqu'au VIIIe siècle et même au delà cette union de l'abbaye angevine au grand monastère italien, grâce à trois bulles, manifestement apocryphes et indignes de toute créance (787, 863 et 1097). Nous ne reviendrons pas sur les preuves qui en ont été données. Mais il paraît utile, intéressant, de constater comment le plus grand de ces historiens monastiques, l'illustre Dom Jean Mabillon, a été amené à partager l'erreur commune et comment jusque dans son erreur il sut garder une mesure, une réserve, que ne connurent point ses successeurs. L'incident mérite d'être conté.

En 1680, Mabillon, éditant l'« Historia translationis sancti Mauri » de l'abbé Odon (*Acta sanctorum*, sæc. IV, pars 2a), eut occasion d'aborder la question qui nous occupe. Il le fit brièvement dans ses *Observationes præviæ* nos 1 et 6, car il ne savait encore, semble-t-il, de ce sujet que ce que Pierre Diacre en raconte dans la *Chronique du Mont-Cassin* au livre IVe, chapitres XVIIIe et LXVIe [2]. En ce dernier chapitre, le célèbre bibliothécaire du Cassin énumère ses nombreux ouvrages [3] et cite, entre autres, l'*Histoire de la ruine et de la restauration du monastère de Saint-Maur*, œuvre du IXe siècle, mais *que lui, Pierre Diacre a corrigée et enrichie d'un prologue* : « Historiam de eversione seu restauratione cœnobii beati Mauri [4] ex jussione abbatis Senioretti [5] emendavit, in qua et Prologum scripsit. »

[1] *Revue de l'Anjou*, 1906, I, p. 49-60.

[2] Migne, *P. L.*, t.CLXXIII.

[3] La même liste, mais moins complète, se retrouve encore dans le *De viris illustribus Casinensibus* (c. 47), œuvre également de Pierre Diacre. Édité par Migne, *P. L.*, t. CLXXIII, col. 1010-1062.

[4] Ce titre est celui-là même que l'abbé Odon donne à son opuscule.

[5] Sénioret fut abbé du Mont-Cassin de 1127 à 1137.

Quelles étaient ces « corrections », donc ces interpolations d'un auteur du XIIe siècle à un ouvrage du IXe ? Mabillon conjecture, non sans vraisemblance, que Pierre Diacre avait vu de mauvais œil dans le récit d'Odon l'intime union établie, au temps de Louis-le-Pieux, entre la prospère abbaye de Saint-Pierre-des-Fossés et le modeste monastère de Saint-Maur-sur-Loire, qui avait été relevé par elle de ses ruines, et que, cédant à l'impétuosité de son caractère, il avait biffé les passages déplaisants pour les remplacer par une autre rédaction [1]. — De fait, la preuve existe, d'une part, que Pierre Diacre faisait remonter l'union entre Glanfeuil et son monastère *à la bulle d'Adrien I et à un diplôme de Charlemagne*, pièces qu'il a même insérées dans son Regeste [2]. D'autre part, la Bibliothèque nationale de Paris possède un exemplaire de l'*Historia Translationis*, corrigé (vers le XIIe ou XIIIe siècle) au bon endroit, c'est-à-dire quand il est question du monastère des Fossés : à la place de ce nom, l'interpolateur a mis celui du Mont-Cassin; et il allègue, lui aussi, en faveur de sa thèse, *une bulle du pape Adrien et un diplôme de Charlemagne* [3]. La conjecture de Mabillon n'était donc pas trop téméraire. Le docte éditeur des *Acta sanctorum ordinis sancti Benedicti* avait donc bien raison de repousser le récit du chroniqueur cassi-

[1] « Quid in hac historia emendaverit Petrus, non mihi constat, ut qui ejus correctorium non viderim. Sed tamen conjicio locum illum ubi Odo scribit Glannafolium Fossatensi monasterio regia auctoritate fuisse subjectum, Petro displicuisse ; atque, ut erat fervidi ingenii, ab eo mutatum et interpolatum fuisse. » Observationes prævia de Mabillon, nº 1.

[2] C'est ce qu'affirme D. Gattola, *Historia abbat. Casin.* (1733), p. 303.

[3] Biblioth. Nat., mss. latin 5.344, fol. 40-42. Les lignes grattées et interpolées sont au nombre de vingt-cinq environ. Cf. *Revue de l'Anjou*, 1906. I, p. 52. Ce texte interpolé du mss. 5.344 a été copié au XVIIe siècle par D. Anselme Le Michel, qui le fait précéder de ce titre: « Pour servir à l'histoire de Saint-Maur-sur-Loyre. » Mss. latin 13.818, fol. 271-274.

nien prétendant que le pape Urbain n'avait fait, en 1907, que rétablir l'antique union du VIIIe siècle [1].

Cependant, vingt ans plus tard, le même Mabillon va modifier sa manière de voir, révoquer ce premier jugement. Le 9 novembre 1701, le savant D. Erasme Gattola, le futur historien de l'abbaye du Mont-Cassin, écrivait à D. Thierry Ruinart :

« Je vous envoie trois documents inédits du pape Urbain II, que j'ai trouvés ici ; on ne peut douter de leur authenticité, surtout s'il s'agit de celui qui soumet Glanfeuil au Cassin, puisque cette bulle (du 21 mars 1097) a été confirmée (?) par Anastase IV et Innocent III... Faites-en part à Mabillon, afin qu'il corrige dans ses *Annales* ce qu'il a publié à ce sujet (ainsi qu'on l'a vu ci-dessus) dans ses *Acta sanctorum* [2]. »

Le destinataire de cette lettre se laissa convaincre, frappé surtout par la bulle du 21 mars 1097, dont il ne vit pas la fausseté et qu'il publia aussitôt dans son *Apologie de la mission de saint Maur* (1702). « On avait cru, dit-il, que cette dépendance du monastère de Glanfeuil de celui du Mont-Cassin n'avait aucun fondement et qu'elle n'était appuyée que sur les manières de s'exprimer dont Pierre Diacre a coutume de se servir, quand il parle de son monastère, ne perdant aucune occasion d'en relever la grandeur. Mais depuis on a reçu plusieurs pièces authentiques des archives du Mont-Cassin [3]... »

[1] *Chronic. Casin.*, ch. XVIII du IVe livre. — Angelus de Nuce, éditeur de cette chronique en 1668, intitule ce XVIIIe chapitre : « Qualiter idem Papa (Urbanus) monasterium Sancti-Mauri de Glannafolio a potestate monachorum Fossatensium abstulit et sub regimine Casinensis monasterii subjugavit », bien que, seules, les quatre premières lignes du chapitre aient trait à cette question. Pour lui, c'était la chose importante, à mettre en relief !

[2] *Correspondance inédite de Mabillon et de Montfaucon avec l'Italie...*, publiée par M. Valéry, t. III (1816), p. 122.

[3] *Apologie*, p. 27-28.

Mabillon ne semble point penser autrement que D. Ruinart, quand en 1704 il publie le tome II des *Annales ordinis sancti Benedicti* et quand un peu plus tard il rédige le tome V publié seulement en 1713 après sa mort. Dans le tome II il analyse et approuve la fausse bulle de 787 [1] ; dans le cinquième volume il réédite presque en entier celle d'Urbain II [2].

Mais en réalité était-il bien convaincu de la valeur de ces pièces ? n'avait-il aucun scrupule en les utilisant ? il est permis d'en douter. Car, tout en les éditant ou en les analysant, *il les tronque*, laisse de côté ce qui lui semble trop extraordinaire et en fait donne seulement ce qui est contenu dans *d'autres bulles authentiques*. La bulle authentique de 1154 avait établi, pour des raisons que nous avons indiquées ailleurs, que l'abbé de Glanfeuil, après son élection, serait confirmé par l'abbé du Mont-Cassin, lui promettrait obéissance et le visiterait tous les cinq ans. Les faux documents, attribués aux années 787 et 1097, rééditent ce qui précède, puis ajoutent que l'abbé de Glanfeuil doit être considéré comme le prévôt ou vicaire du Cassin dans toute l'étendue de la Gaule, *per totam Galliam*, qu'il a le pas sur tous les autres abbés sauf sur le successeur de saint Benoît, qu'il doit être consulté dans toute affaire de discipline monastique et que son monastère, avec ses dépendances *per totum orbem*, est à l'abri de toute juridiction épiscopale [3].

Que fait Mabillon, en éditant la majeure partie de la bulle de 1097, dont on vient de lire un court résumé ? Nous le

[1] *Annales*, II, p. 259 (l. 25, n° 61).

[2] *Annales*, V, p. 364-365 (l. 69, n° 84).

[3] « Sicque præposituram Casinensem et vicariatum ejusdem Casinensis abbatis per totam Galliam accipiens, ad suum cœnobium redeat... In Casino et in omnibus cellis ejus super eum nullus Abbas sedeat, et nulli alio loco nisi tantum Casinensi subdatur. Si quid vero de ordine monastico tractandum fuerit, tam arbitrio præpositi Casinensis quam et abbatis beati Mauri disponatur... » (Bulle de 1097.)

répétons, il donne seulement la partie où sont contenus les vrais privilèges de l'an 1154 et *se tait sur les autres*. Si, par exception, il rappelle le titre de prévôt ou vicaire de l'abbé cassinien, donné à l'abbé de Saint-Maur, il supprime les trois mots *per totam Galliam* qui rendent cette prérogative excessive et qui par suite choquaient sûrement le sens historique du grand écrivain de l'Ordre de saint Benoît.

Sans doute un examen plus attentif de ces documents, ou bien une étude plus approfondie de l'histoire de Saint-Maur, auraient amené Mabillon à rejeter ces bulles aux privilèges si exorbitants. Mais, s'il avait procédé de la sorte, s'il avait dû fouiller chaque détail, il n'eût jamais élevé ce monument d'érudition monastique que forment les six volumes in-folio des *Annales ordinis sancti Benedicti*.

Cette excuse évidente ne s'applique ni à l'Anonyme, ni à D. Galand : ayant sous les yeux la fausse bulle d'Urbain II, ils pouvaient et devaient d'abord l'analyser dans toutes ses parties, la discuter ensuite avec soin en la confrontant avec d'autres pièces authentiques. Disons-le en terminant, ils n'ont su faire ni l'une ni l'autre de ces opérations élémentaires.

Angers, imp. Germain et G. Grassin. — 1626-7

www.ingramcontent.com/pod-product-compliance
Ingram Content Group UK Ltd.
Pitfield, Milton Keynes, MK11 3LW, UK
UKHW022148170726
13837UKWH00004B/1847